第三套国际武术竞赛套路

枪 术

国际武术联合会　审定

INTERNATIONAL WUSHU FEDERATION

武

人民体育出版社

图书在版编目（CIP）数据

枪术 / 国际武术联合会审定. -- 北京 : 人民体育出版社, 2013 (2025.11重印)
（第三套国际武术竞赛套路）
ISBN 978-7-5009-4458-4

Ⅰ. ①枪… Ⅱ. ①国… Ⅲ. ①枪术（武术）—套路（武术）—中国 Ⅳ. ①G852.23

中国版本图书馆CIP数据核字(2013)第077610号

枪术

国际武术联合会　审定
出版发行：人民体育出版社
印　　装：北京建宏印刷有限公司

开 本：850×1168　32开本　　印 张：6.75　　字 数：110千字
版 次：2013年6月第1版　　印 次：2025年11月第4次印刷
书 号：ISBN 978-7-5009-4458-4
印 数：7,001—7,500册
定 价：39.00元

购买本社图书，如遇有缺损页可与发行与市场营销部联系
联系电话：（010）67151482
社　　址：北京市东城区体育馆路8号（100061）
网　　址：https://books.sports.cn/

《第三套国际武术竞赛套路》编委会

前　言

为了更好地普及和推广武术运动，提高运动技术水平，针对当前国际武术运动技术发展的现状，我们受国际武术联合会委托于 2011 年 12 月在中国广州组织创编了第三套国际武术竞赛套路。

第三套国际武术竞赛套路包括长拳、刀术、棍术、剑术、枪术、太极拳、太极剑、南拳、南刀、南棍。共有来自中国、美国、日本、马来西亚、中国澳门等国家和地区的 15 名教练员、裁判员及专家参与了创编工作。在创编过程中，参阅了大量的文献资料，听取了各方面的意见，认真总结了第一套、第二套国际武术竞赛套路的经验。按照遵循武术套路运动规律，突出项目风格特点，引领技术发展方向的原则集体创编而成。

编者

目　录

一、枪术套路简介

枪术，是武术套路竞赛中长拳类项目之一，第三套国际武术竞赛套路——枪术，是在继承融合传统枪术技法特点和动作的基础上，遵循武术套路运动发展规律和竞赛规则要求创编而成。

该套路由四段共 54 式动作组成，在创编过程中，依据枪的形制特点，在枪术技法选择中汲取了兵枪、大枪技法中直扎远取、拦拿封劈、中平为王的技法特点，充分体现了其利在尖、贵在长及“一寸长一寸强”的优点；同时为了避枪之短，即由枪长而转动、调把不灵的不利，选取了游枪、花枪技法中挑、扎、崩、劈、绞、点、拖、穿、拉、抽、云、拨、舞花、过背、翻转、抛接等灵活巧变的动作组合，以及为体现长兵短用、枪中夹棍的补短之法，创编了“转身横击把”“挑把翻身挑枪”“反身跳戳把”“弓步下扫把”等极富攻防变化的技法组合。此外，结合武术套路竞赛规则的要求，选编了与中高级训练阶段运动员相适应的步型、步法、腿法、跳跃及难度动作，为该阶段运动员继续发展提高及创新打好扎实的基础。

全套动作内容丰富、结构严谨、布局合理、方法多变。其演练风格在突出拦、拿、扎枪等主要枪法的前提下，结合步法、身法、奔腾跳跃的圆贯活变、奔展盈缩，充分体现“枪如游龙”的运动特点。

二、枪术套路动作名称

预备势

第一段

1. 虚步架枪
2. 抱枪侧踢腿
3. 跃步劈枪
4. 弓步扎枪
5. 弓步拦拿扎枪（4个）
6. 提膝下拨枪
7. 插步拨枪（2个）
8. 跳插步下扎枪
9. 弧形步
10. 跨步劈枪
11. 跳步架枪
12. 旋风脚360°
13. 跌竖叉

第二段

14. 并步托枪
15. 半蹲缠枪
16. 回身劈枪
17. 跳转劈枪
18. 反身云绞枪
19. 前点步斜下横崩枪
20. 抛接枪
21. 击步反扎枪
22. 舞花过背枪
23. 腾空摆莲360°
24. 弓步平拨枪
25. 转身云枪
26. 弧形步绞枪
27. 转身横击把

28. 上步拦拿枪
29. 腾空箭弹崩枪
30. 并步挑把
31. 弓步拦拿扎枪
32. 绞劈枪
33. 扣腿点枪
34. 弓步崩枪

第三段

35. 挑把翻身挑枪
36. 盖跳步拦拿扎枪
37. 转身单手扎枪
38. 上步背穿接枪
39. 腾空跳架枪
40. 仆步摔枪
41. 反身跳戳把
42. 舞花过背枪
43. 坐盘下扎枪

第四段

44. 回身劈枪
45. 跳提膝架枪
46. 跳换步下扎枪
47. 上步侧空翻
48. 上步正踢腿
49. 仆步背拖枪
50. 弓步拦拿扎枪
51. 弓步扫把
52. 丁步握枪按掌
53. 并步立枪推掌
54. 收势

三、枪术套路动作图解

注：动作图解中，实线（——►）表示下一动作右手、右脚、枪尖的运动路线，虚线（----►）表示下一动作左手、左脚、枪把的运动路线。

预备势

两脚并步站立；右手握把持枪置于右胸前；左手五指并拢，贴靠于左腿外侧；目视前方。（图1）

要点：

并步持枪直立，精神集中，面向正前方。

图1

第一段

1. 虚步架枪

(1) 两脚并步站立不动；右手握把向前上方扎枪；左手随左臂屈肘收至左腰侧，手心向下；目视枪尖。(图 2)

图 2

⑵ 身体左转，重心上升；两脚脚跟抬起；同时，左手立掌向后伸出；目视前方。（图 3）

图 3

图 4

(3) 右脚向右前方上步；同时，左手向上抓握枪身，滑握至枪身前段；右手握把向下方抽枪。(图 4)

（4）重心右移；右腿屈膝半蹲，左脚向前伸出，腿微屈，脚尖点地，成左虚步；同时，右手抽把上翻架枪，枪尖略低于枪把；目视枪尖。（图 5）

图 5

要点：

并步上扎枪时由向下顿错后迅速向上扎出，以两脚前脚掌为轴上体直立左旋，抽枪滑杆贴身运行，架枪与虚步完整一致，枪尖略低枪把，力达枪身。

2. 抱枪侧踢腿

（1） 接上势，身体右转；两脚蹬起，右脚向右前方落地，左脚相继落于右脚前；同时，右手握把下落至左胸前；左手内旋滑握于枪身中段，上举过头，枪尖向上；目视前方。（图 6、图 7）

图 6

图 7

（2）上体直立；右脚勾脚直摆，踢至头侧，力达脚尖；同时，两手抱枪竖直；目视前方。（图 8）

图 8

要点：

两脚依次落地后重心在左腿，侧踢腿时保持枪身竖直稳定，支撑腿膝髋挺直。

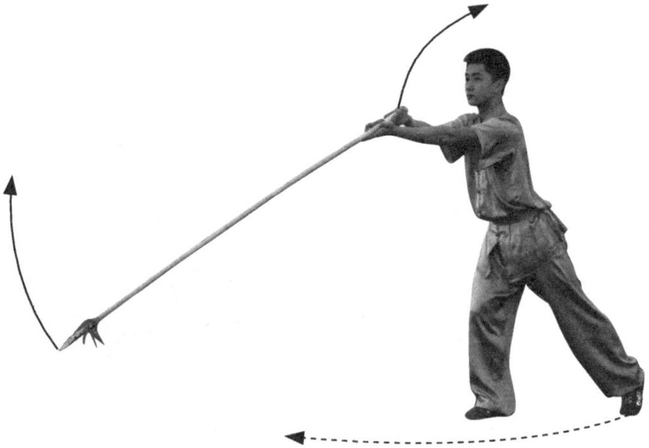

图 9

3. 跃步劈枪

（1）接上势，右脚向前落步，身体右转 90°；同时，两手握枪由上向前下方点枪。（图 9）

图 10

(2) 身体继续右转 90°，左脚向前上步；同时，右手握把外翻上举过头，左手外旋滑握枪身前段崩枪；目视枪尖。（图 10）

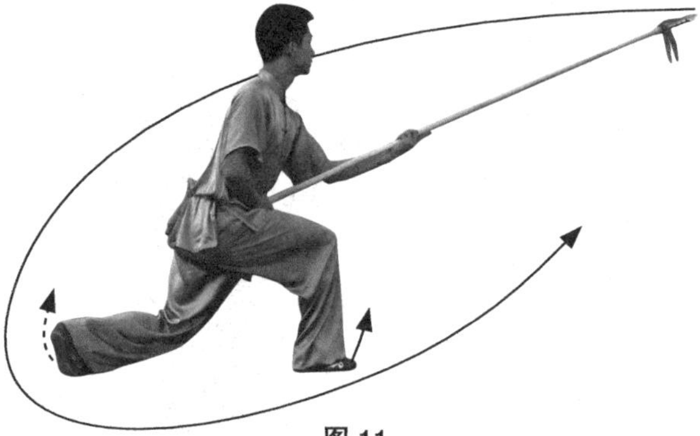

图 11

（3）上体右转 90°，两腿屈膝下蹲；同时，两手握枪经上向前劈枪，右手握把收于右腰侧；目视枪尖。（图 11）

图 12

（4）身体左后转 180°，两手握枪向左、向下、向后上抡摆；同时，两脚蹬地向上，左腿屈膝上抬，右腿向后上方摆起，两脚面绷直。（图 12）

（5）左脚向下落步，右脚向左脚前落步，脚尖微内扣，两腿屈膝，左脚跟抬起；同时，两手握枪经上、向前劈枪；目视枪尖。（图 13）

图 13

要点：

上步快捷，两脚同时起跳，腾空左后拧转跃步，两腿交剪后下落劈枪，力达枪身前段。

4. 弓步扎枪

(1) 接上势，身体左后转 90°，左脚抬起扣于右膝腘窝处；同时，两手握枪随转体平摆，右手握把至右肩前，左手侧平举托枪；目视枪尖。(图 14)

图 14

(2) 左脚向前上步，成半马步；同时，右手握把下翻至右腰侧，左手握枪内旋拿枪；随后重心前移，成左弓步；右手握把向前扎枪，力达枪尖；目视枪尖。（图 15、图 16）

图 15

图 16

要点：

拿枪与左脚落步同时，成蓄势半马步握枪，蹬转合力一致向前扎出，枪身与肩平，力达枪尖；弓步屈蹲腿达水平。

5. 弓步拦拿扎枪（4 个）

（1）接上势，重心后移，上身右转，成半马步；同时，右手向后抽把至右腰侧后握把上翻，左手握枪外旋拦枪；目视枪尖。（图 17）

（2）右手握把下翻收于右腰侧，左手握枪内旋拿枪；目视枪尖。（图 18）

图 17

图 18

（3）重心前移，上身左转，成左弓步；同时，右手握把向前扎枪，力达枪尖；目视枪尖。（图19）

注：拦拿扎枪共做4次。

图19

要点：

拦拿枪手、把、腰一体，借助腰、髋之力使枪尖划弧，扎枪蹬转合力一致，力达枪尖，连续拦拿扎枪连贯流畅，并注意身体重心变化、划弧大小及节奏快慢。

图 20

6. 提膝下拔枪

（1）接上势，重心后移，上身右转；右脚向前上半步；同时，右手握把向后抽枪，左手滑握于枪身前段；目视枪把。（图 20）

⑵ 上身左转；右腿伸直，独立支撑；左腿屈膝前抬，脚面绷直内扣；同时，右手握把抽拉至右肩前，左手向左下方拨摆；目视枪尖。（图 21、图 21 附图）

图 21

图 21 附图

要点：

上步转体协调自然，支撑稳固，提膝腿过腰贴于胸前；两手抽拉枪身，左手滑移向左下方拨摆后制动，使枪前段向左斜下方弹拨发力。

7. 插步拨枪（2个）

（1）接上势，左脚向后落步，两腿屈膝下蹲；同时，左手滑握枪向右、向前带枪，右手握把收至左肩内侧。(图 22)

图 22

(2) 重心上升；右脚向左脚后插步，前脚掌着地，脚跟提起；同时，左手引枪向左下方拨摆；目视枪尖。（图 23、图 23 附图）

注：插步拨枪连续做 2 次。

图 23

图 23 附图

要点：

右脚向左脚后插步，握枪滑杆，左手松活随腰引枪向左下方拨摆，插步、拨枪协调一致，力达枪身前段。

图 24

8. 跳插步下扎枪

（1）接上势，右脚蹬地跳起，随即左脚向左横摆；同时，右手握把下翻，左手握枪内旋拿枪。（图 24）

(2) 左脚落地，重心移至左腿，右脚微上抬向左后方插步，前脚掌着地，重心下落，左腿屈膝；同时，右手握把外旋向左前下方扎出，左手滑握至枪把；目视枪尖。(图 25)

图 25

要点：

右脚蹬地快速敏捷，拿枪与前跳步同时，插步蹬伸拧转与下扎枪完整一致，力达枪尖。

9. 弧形步

（1）接上势，右脚向右前方上步，重心上升；同时，右手握把向右上方拉枪，左手向左上方托枪；目视枪尖。（图 26）

图 26

(2) 重心前移；右脚蹬地跳起，左脚向右脚前落步，脚尖外展，两腿微屈；同时，两手握枪由下经体前向右前引枪。（图 27、图 28）

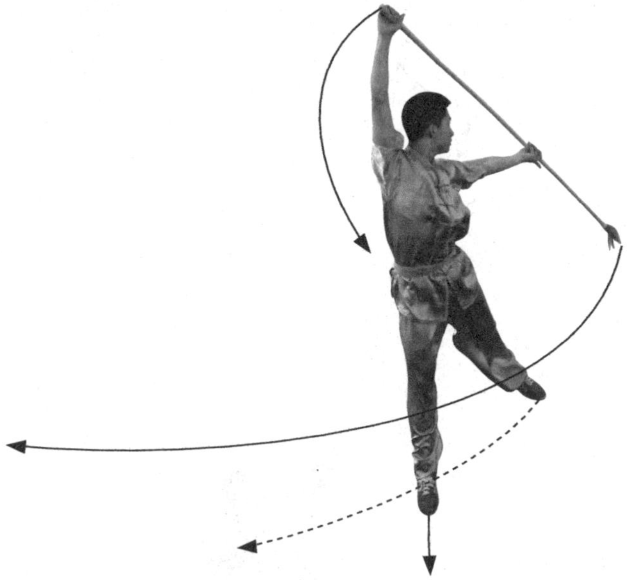

图 27

图 28

（3）右脚向左前方上步，脚尖内扣；同时，左手滑握枪向前上方挑起，右手握把上引；目视枪尖。（图 29）

图 29

（4）左脚向前弧形上步，脚尖外展；身体左转；同时，两手握枪随转体向左上方带枪。（图30）

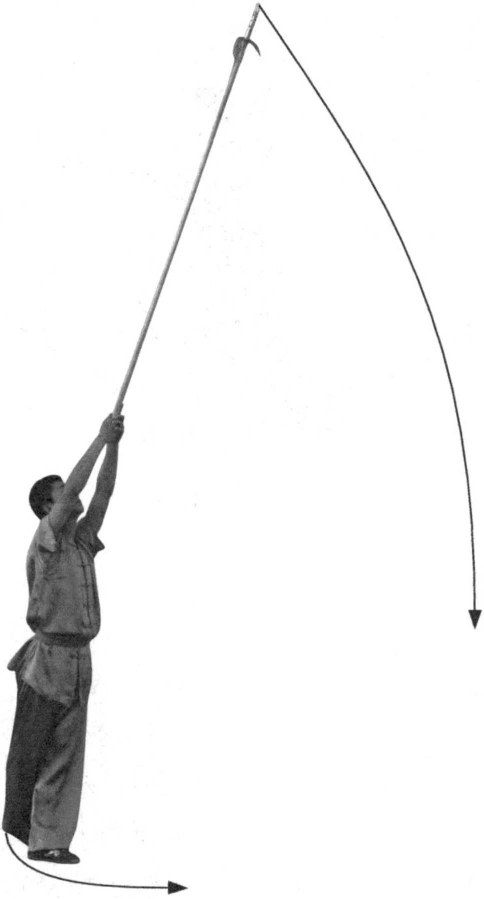

图 30

(5) 右脚向前弧形上步，脚尖内扣；身体继续左转；同时，两手握枪下落；目视枪尖。（图 31）

图 31

要点：

两腿屈膝，重心向前，两脚交替向左前方弧形上步灵巧流畅，枪随步贴身运行连贯，目随枪尖。

10. 跨步劈枪

（1）接上势，右脚蹬地，左腿向前上摆起，右腿向后上摆起；上身左转；同时，两手握枪向下、向后上方抡摆；目视左后方。（图 32）

图 32

（2）左脚落地，右脚向左脚前落步，两腿微屈；身体右转；同时，两手握枪由后经上向前劈枪；目视枪尖。（图33）

图33

要点：

跨步起跳轻灵，枪滑移贴身随身体拧转展开，两腿交剪跨步与落步劈枪连贯紧凑，力达枪身前段。

11. 跳步架枪

(1) 接上势，左脚向前上步，身体左转；同时，两手握枪向下、向后上方抡摆。(图 34)

(2) 右脚向左脚内侧并步，两腿微屈；同时，右手握把下翻，左手内旋裹枪；目视枪尖。(图35)

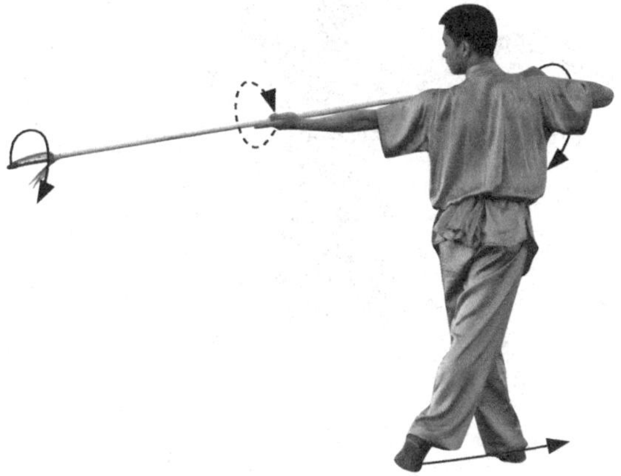

图 34

图 35

(3) 两脚蹬地跳起，屈膝后背，舒胸展腹；同时，右手抽把上翻高举过头，左手握枪外翻向上架枪；目视枪尖。（图 36）

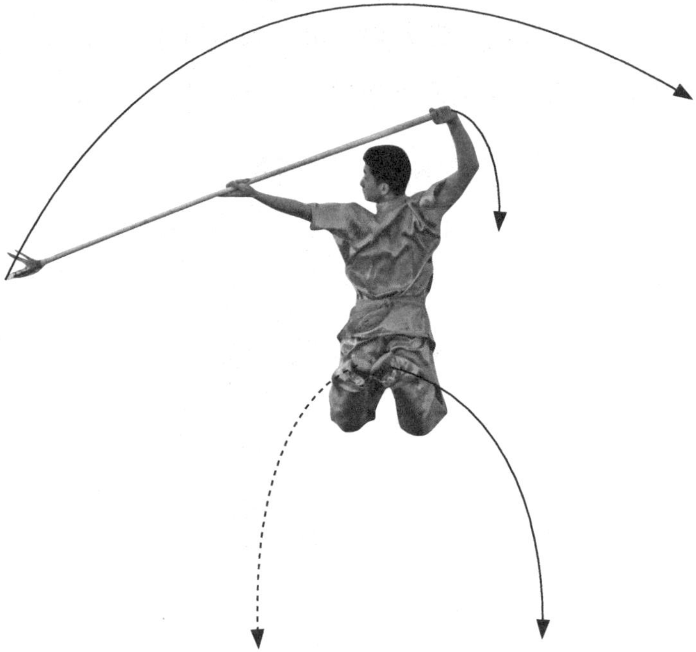

图 36

要点：

上步连贯无滞，借抡劈反弹回身缠裹，跳起屈膝背腿，腾空与上举架枪协调一致，力达枪身。

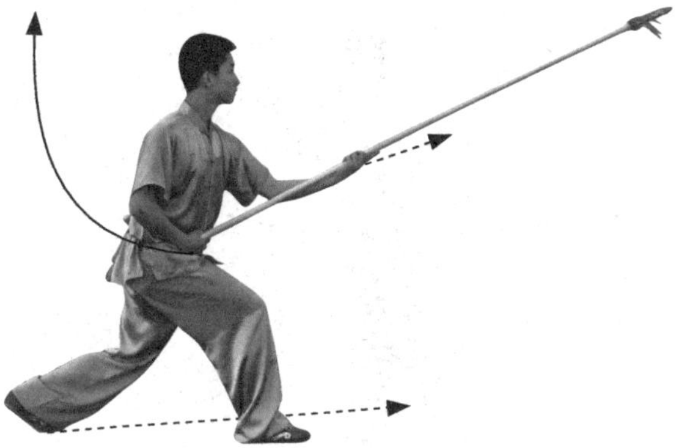

图 37

12. 旋风脚 360°

（1）接上势，左右脚依次落地，身体右转 90°；同时，右手握把落于右腰侧，左手握枪落于体前。（图 37）

图 38

（2）左脚向前上步；同时，右手握把向后、向上抽拉。（图 38）

（3）身体左转90°；右脚上步蹬地起跳，左腿屈膝抬起，在空中身体左转360°，右腿伸直向左、向上里合摆起；同时，右手握把向上扎枪，左手迎击右脚掌；目视击拍脚。（图39、图40）

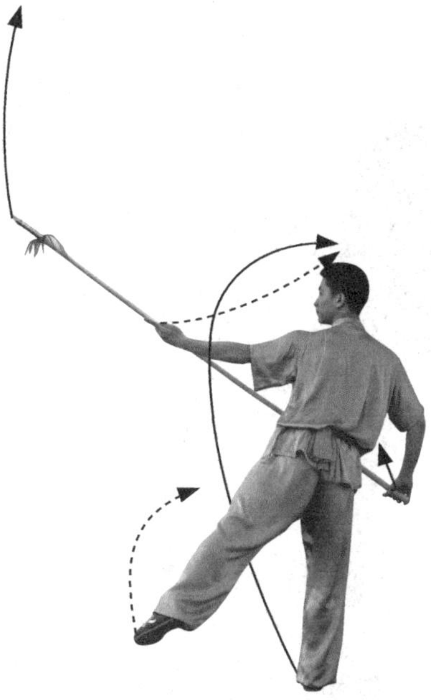

图39

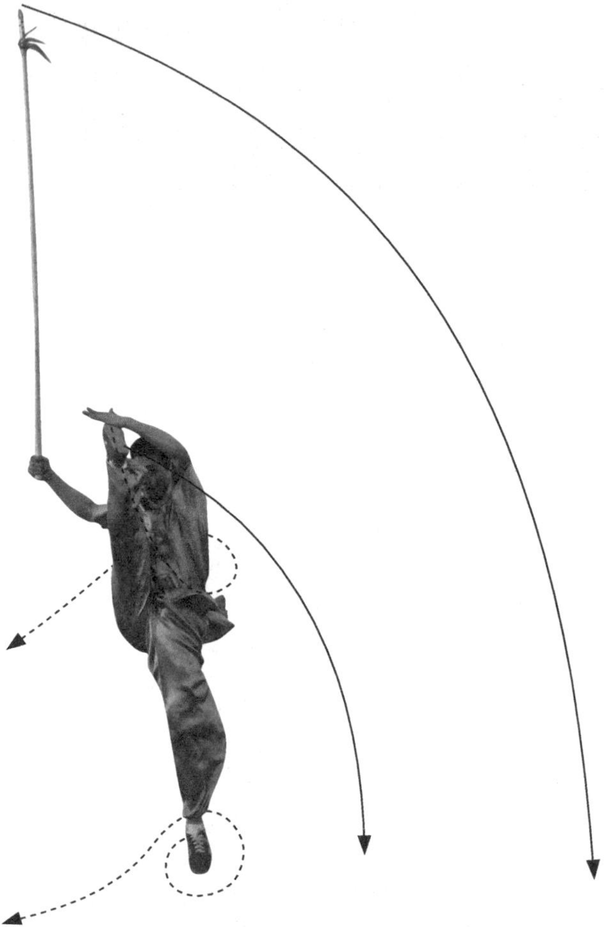

图 40

要点：

上步助跑重心不宜低，枪贴身起跳，空中立身旋转中正，击响腿脚过肩，击拍准确响亮，同时右手握枪向上方迅速扎枪，力达枪尖。

13. 跌竖叉

接上势，右腿就势下落，两脚前后分开落地，成竖叉，左腿在前，脚尖勾起，右腿在后伸直；同时，左手向前立掌插出，右手握枪落于右后下方，枪尖着地；目视左掌前方。（图 41）

图 41

要点：

两腿同时落地，拖枪、下叉、插掌，协调一致。

第二段

14. 并步托枪

（1）接上势，两脚蹬地内收跳起后屈膝并步，身体右转；同时，左手向下经体侧抓握枪把；目视枪尖。（图 42）

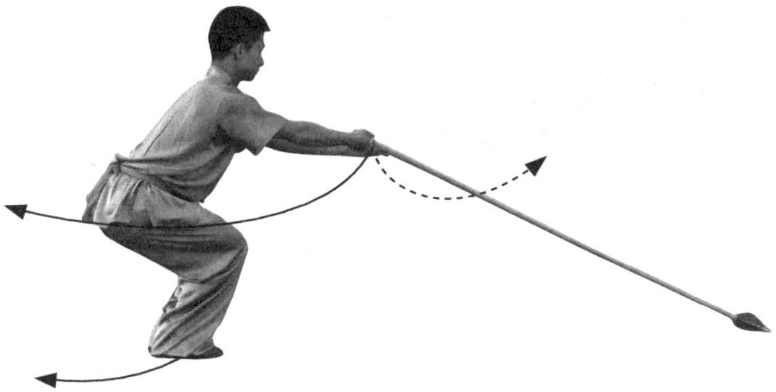

图 42

图 43

⑵ 右脚向后侧退步，身体右转；同时，右手握把向后抽枪，左手滑握于枪身前段；目视枪把。(图 43)

（3）重心后移，左脚并于右脚内侧，身体直立；同时，两手握枪上举托枪，枪尖略低于枪把；目视枪尖。（图 44）

图 44

要点：

枪贴身随撤步抽拉，两腿直立并拢，从下而上随腰拧转平托枪，托枪过头，力达枪身。

15. 半蹲缠枪

接上势，两腿屈膝半蹲，上身左转；同时，右手握把向下外旋至左腋下，左手内旋滑握枪身向下缠裹枪；目视枪尖。（图 45）

图 45

要点：

两腿屈蹲与两手握枪顺时针缠绞完整一致，缠枪两手用力协调，柔中含刚。

16. 回身劈枪

（1）接上势，两脚一齐开立，身体右转；同时，右手握把后抽并外翻上举过头，左手外旋滑握枪身前段；目视枪尖。（图 46）

图 46

⑵ 上身继续右转90°，两腿屈膝下蹲；同时，两手握枪经上向前劈枪，右手握把收于右腰侧，左手于身前托枪；目视枪尖。（图47）

图47

要点：

撤步、展髋、拧腰、回身平劈连贯紧凑，转身举枪和平劈快而有力，力达枪身前段。

17. 跳转劈枪

（1）接上势，两脚蹬地向上跳起，在空中身体向左后转约 270°，左腿屈膝上抬，右腿向后上方摆起，两脚面绷平；同时，两手握枪经上向前、向下、向后贴身抡绕一周；目视枪尖。（图 48）

图 48

⑵ 身体右转 90°；两脚交剪下落，右脚在前，两腿屈膝，左脚跟抬起；同时，两手握枪向上、向前劈枪；目视枪尖。（图 49）

图 49

要点：

两脚同时起跳快速、轻灵，身体拧转与腾空交剪腿协调一致，枪贴身抡摆立圆运行一周后迅速平劈，力达枪身前段。

18. 反身云绞枪

（1）接上势，身体左转约 90°；右腿屈膝跪地，脚跟抬起；左腿向前外旋蹬直，脚尖勾起；同时，两手握枪向左平摆；目视枪尖。（图 50）

（2）上身继续向左、向后平仰；同时，左手滑握枪向左、向后、向右云枪；目视枪尖。（图 51）

图 50

图 51

（3）重心前移至左腿，左腿屈膝半蹲；同时，两手握枪向前平摆；目视枪尖。（图 52）

（4）重心上升，右脚尖点地；同时，右手握把内旋、左手外旋绞枪；目视枪尖。（图 53）

注：绞枪 2 次。

图 52

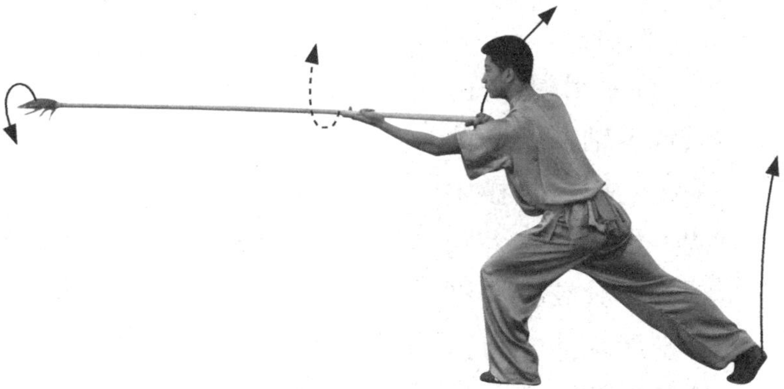

图 53

（5）重心移至左腿站立，右腿向身体侧后方抬起至腰，展髋舒胸；同时，右手握把内旋上翻，左手外旋向上绞枪；目视枪尖。（图 54）

图 54

要点：

左手滑握枪杆，以腰为轴前俯后仰平云一周，身械协调一致，收腹含胸绞枪，云绞枪连接紧密无断滞，力达枪身前段。

图 55

19. 前点步斜下横崩枪

（1）接上势，重心下降；左腿屈膝半蹲，右脚下落至左脚内侧；同时，右手握把向下外旋至左腋下，左手握枪向下、向前内旋；目视枪尖。（图55）

（2）重心上升；右脚微上抬下落震脚；左脚向前伸出，脚尖点地；同时，右手握把向右肩抽拉外翻，左手滑握枪身向左下崩枪；目视枪尖。（图56）

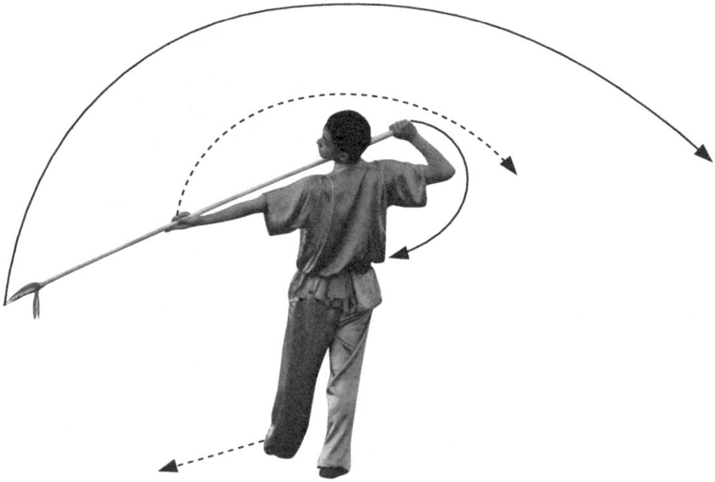

图 56

要点：

两腿伸直，上身微后仰；左旋裹枪，右手抽拉与左手滑握协调一致，蓄势崩枪，短促有力，力达枪身前段。

20. 抛接枪

（1）接上势，身体右转 90°，左脚向后退步；同时，右手握把收于腹前，左手握枪向上、向前带枪；目视枪尖。（图 57）

图 57

⑵ 重心上升，两腿伸直；同时，左手松开枪身，右手将枪把向前上方抛起，枪身在空中立圆转动半周；随即重心前移，右手接抓枪身前段；目视右手方向。（图 58、图 59）

图 58

图 59

要点：

撤步、劈枪上下一致，两手同时抛枪，右手抛把用力适宜，不能猛用力，右腕灵活，抛枪时重心在左腿，枪在空中翻转宜快不宜高，流畅不滞，右手准确接握枪身前段。

图 60

21. 击步反扎枪

（1）接上势，右脚向后退步；同时，左手抓握枪身前段，枪把向下摆；目视枪把。（图 60）

(2) 身体右转 90°；同时，右手抓握枪颈部向右前抽拉，左手滑握枪身；目视枪尖。（图 61）

(3) 重心前移；同时，右手抓握枪颈部在体前向前、向上划圆至左胸前；左手滑握枪身，手心朝上。（图 62）

图 61

图 62

（4）右脚蹬地向上跳起，左脚在空中击碰右脚；同时，两手握枪向右前上方扎出；目视枪尖。（图63）

图63

要点：

枪头贴胸快速穿绕，击步与反扎枪上下一致，轻灵、快捷，力达枪尖。

22. 舞花过背枪

（1）接上势，两脚依次落地后，左脚向前上步；身体右转 90°；同时，右手滑握至枪身中段，左手滑握枪身中段向前盖把。（图 64）

图 64

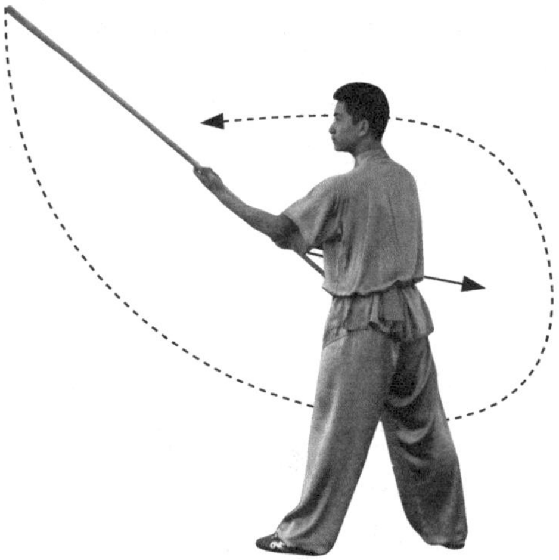

图 65

（2）身体继续右转 90°；同时，两手握枪，使枪把向右、向下、向后经上向前立圆转动一周。（图65）

（3）左手松开枪身，立掌收至右胸前；同时，右手握枪，前臂内旋，使枪身绕向右腋下；上身微前俯。（图66、图66附图）

图66

图66附图

（4）右手握枪向后上方甩起，枪身贴背，把端从左肩上方向前翻过；左手在身前接握枪身；随即右手抓握枪身。（图 67）

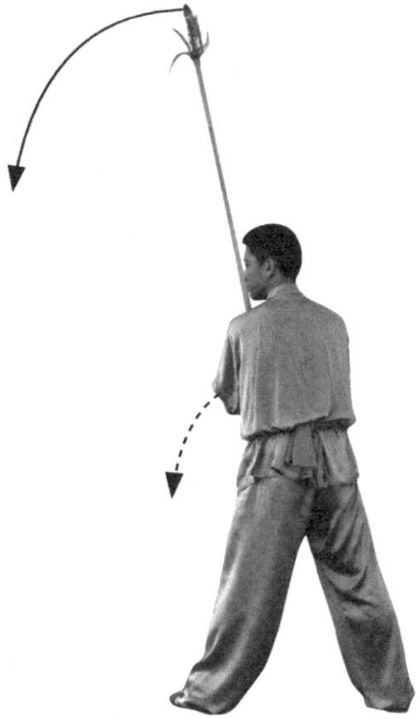

图 67

要点：

舞花立圆贴身，圆活无停顿。

23. 腾空摆莲 360°

（1）接上势，重心下降，两腿屈膝下蹲；同时，左手松开枪身，下落至体后侧；右手滑握至枪身中段。（图 68）

图 68

（2）两脚蹬地起跳，身体向右后转 360°，右腿向上摆起经面前向右外摆，左腿自然悬垂；同时，右手握枪向上摆动，左手击拍右脚面；目视击拍方向。（图 69）

图 69

要点：

两脚助力起跳，腾空高、飘，击响腿脚尖过肩，击拍响亮；右手夹握枪松活随转体顺势后摆。

24. 弓步平拨枪

接上势，两脚一齐落地，右腿屈膝前弓，成右弓步；同时，右手握枪向右、向前平拨，枪身后段贴于后背；左手立掌至右胸前；目视枪尖。（图 70）

图 70

要点：

弓步时拧腰、锁髋、夹枪平拨一次成型，力达枪身前段；弓步屈蹲腿达水平，前腿膝部与脚背垂直，后脚尖内扣。

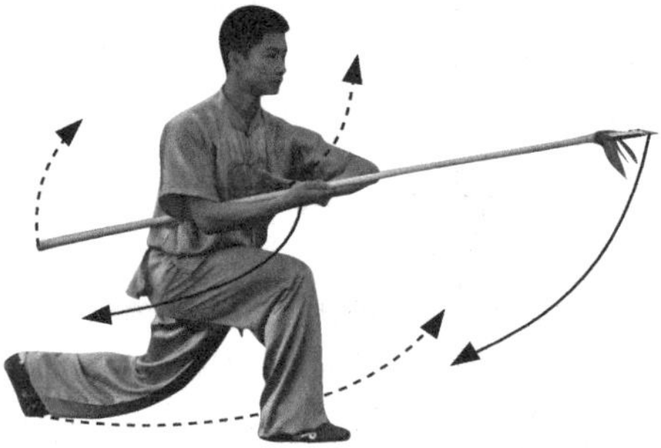

图 71

25. 转身云枪

（1）接上势，身体右转，重心前移至右腿；左腿屈膝，脚跟抬起；同时，右手握枪外旋向后抽拉，左手向前按掌；目视枪尖。（图 71）

图 72

（2）身体左转；左脚向左前方摆步，脚尖外展；同时，右手握枪向右下拨摆，左手向左上方搂手；目视枪尖。（图 72）

图 73

（3）身体继续左转；右脚向前扣步，脚尖内扣；同时，右手握枪上举过头，左手外旋抓握枪身后，两手握枪在头部上方向后、向前平云一周。（图 73）

（4）身体继续左转；左脚向前摆步，脚尖外展；同时，左手握枪直臂下落至体后侧，右手滑握至枪把。（图 74）

图 74

要点：

摆步、扣步转身发力，使枪在头顶加速平云，身械协调一致。

26. 弧形步绞枪

接上势，右脚向右斜前方上步，随后两脚交替弧形向右前方上 4 步；同时，左手松握枪身中段，右手握把在胸前沿逆时针方向连续绞枪 4 周；目视枪尖。（图 75—图 78）

图 75

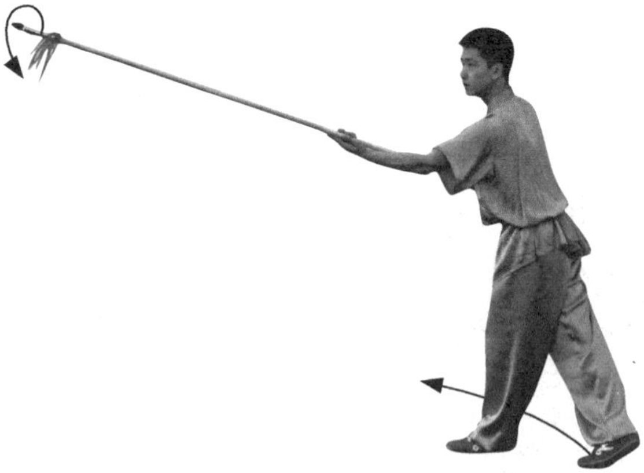

图 76

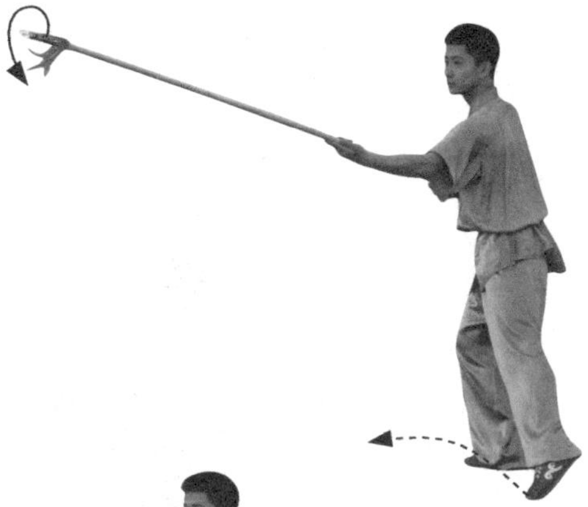

图 77

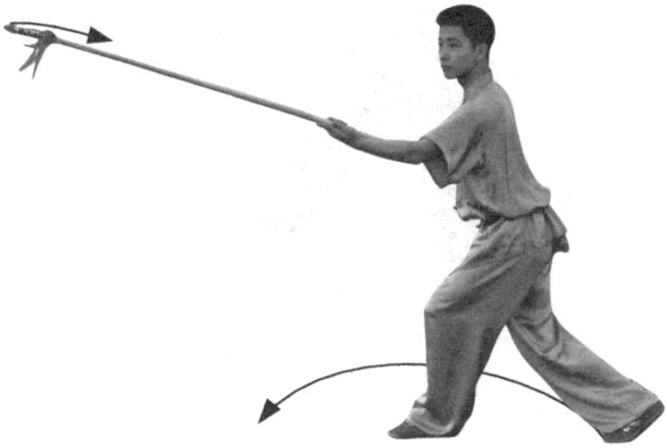

图 78

要点：

两腿屈膝，重心平移，弧形步连贯活变，静中寓动由慢到快，与绞枪由大到小协调一致；绞枪时左手为支点松握枪身中段，右手为力点握把在胸前逆时针连续绞枪划圆，两手用力协调，柔中含刚。

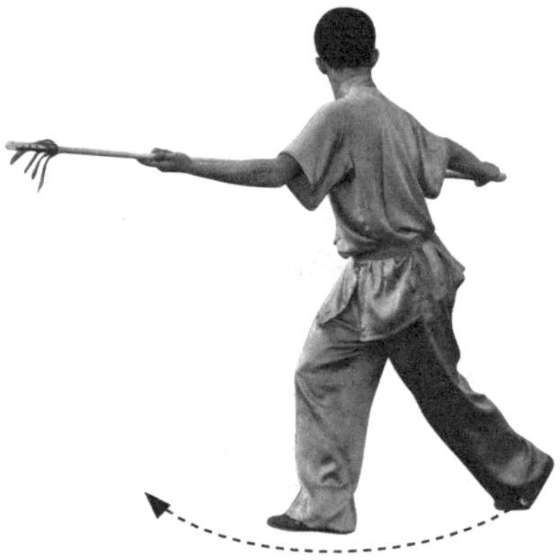

图 79

27. 转身横击把

（1）接上势，右脚向前上步，身体右转；同时，右手握把向后抽拉，左手滑握枪身前段；目视枪把。（图 79）

⑵ 左脚向前上步，随即右脚向前并于左脚内侧；身体左转 180°；同时，左手握枪随左臂屈肘收于胸前；右手滑枪杆留把向前横击，力达把段；目视枪把。（图 80、图 81）

图 80

要点：

上步、转身快速连贯，右手松握滑杆留把随转身快速向前横击制动，击把高不过头、低不过胸，力达枪把段。

图 81

图 82

28. 上步拦拿枪

（1）接上势，身体继续左转 180°，两脚并立；同时，右手滑握枪把，左手滑握枪身前段；目视枪尖。（图 82）

⑵ 右脚向前上步；同时，右手握把下翻至右腰侧，左手握枪内旋拿枪。（图 83）

⑶ 左脚向前上步；同时，右手握把上翻，左手握枪外旋拦枪；目视枪尖。（图 84）

图 83

图 84

（4）右脚向前上步；同时，右手握把下翻至右腰侧，左手握枪内旋拿枪；目视枪尖。（图 85）

图 85

要点：

上步连贯顺畅，枪把贴握腰间，拦、拿枪枪尖划弧成圆，力达枪身前段。

29. 腾空箭弹崩枪

接上势，右脚蹬地起跳，左腿上摆，右腿屈膝抬起，脚面绷直向前弹出；同时，右手握把向后抽拉至右腰侧，左手滑握枪杆崩枪；目视枪尖。（图 86）

图 86

要点：

上体直立，起跳快速，弹踢腿由屈到伸，力达脚尖；弹腿与崩枪完整一致，崩枪力达枪身前段。

30. 并步挑把

（1）接上势，左脚向下落步，右脚向左脚前落步，脚尖微内扣，两腿屈膝，左脚跟抬起；同时，左手外旋抓握枪身前段；目视枪尖。（图 87）

图 87

(2) 重心上升，身体左转 90°；左脚向右脚内侧并步直立；同时，右手滑杆挑把，左手握枪收至胸前；目视枪把。（图 88）

图 88

要点：

右手滑握随上步腰腿发力由下向上挑把，把端高不过头，力达枪把段。

31. 弓步拦拿扎枪

（1）接上势，身体左转；左脚向前上步，成半马步；同时，右手握把下翻至右腰侧，左手握枪内旋拿枪；目视枪尖。（图 89）

（2）重心前移；左腿屈腿前弓，成左弓步；同时，右手握把向前扎枪，力达枪尖；目视枪尖。（图 90）

图 89

图 90

⑶ 接上势，重心后移，成半马步；同时，右手向后抽把至右腰侧后微上翻，左手握枪外旋拦枪；目视枪尖。（图 91）

⑷ 右手握把微下翻收于右腰侧，左手握枪内旋拿枪；目视枪尖。（图 92）

图 91

图 92

（5）重心前移；左腿屈膝前弓，成左弓步；同时，右手握把向前扎枪，力达枪尖；目视枪尖。（图 93）

图 93

要点：

重心移动平稳，弓步、马步交替连贯快速；拦拿枪借助腰、胯之力使枪尖划弧，扎枪腰腿协调用力，中平直线扎出，有寸劲，力达枪尖。

32. 绞劈枪

（1）接上势，重心后移上升，身体右转；同时，右手握把外翻上举过头，左手外旋滑握枪身前段；目视枪尖。（图 94）

图 94

（2）上体继续右转90°；同时，两手握枪经上向前劈枪，右手握把收于腹前，左手平托于身前；目视枪尖。（图95）

图95

要点：

左右手协调一致，以腰带臂，重心后移，腰胯发力向右后立圆劈出，力达枪身前段。

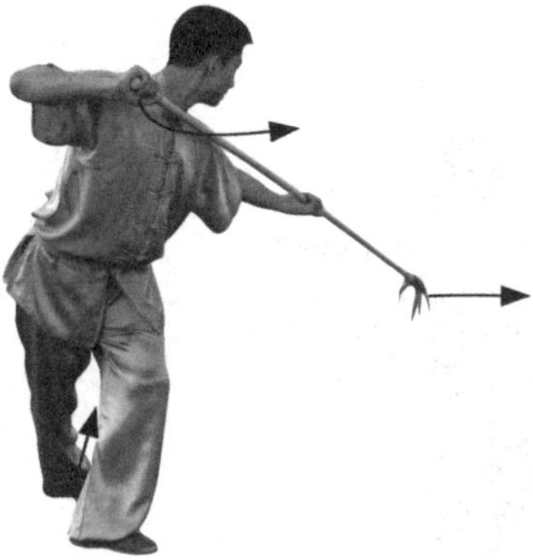

图 96

33. 扣腿点枪

(1) 接上势，左脚向左前方摆步，脚尖外展；重心前移，身体左转；同时，两手握枪经前向左下方拨摆；头随身体左转，目视枪尖。(图 96)

（2）左腿屈膝独立支撑，右脚上抬贴靠于左膝腘窝处；同时，左手松握枪杆向上、向前滑行送枪，右手握把与左手一齐提腕点枪；目视枪尖。（图 97）

图 97

要点：

两手握枪滑杆灵活，左右手贴握把端快速提腕，短促用力点枪，力达枪尖，扣腿与点枪协调一致。

34. 弓步崩枪

接上势，右脚向右前方落步，右腿屈膝半蹲，左腿伸直，成右弓步；同时，右手握把向右腰侧抽拉；左手滑握枪身中段，使枪尖向上崩起；目视枪尖。（图 98）

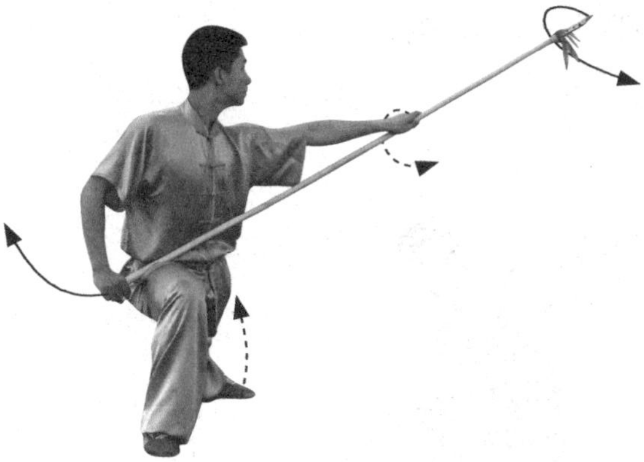

图 98

要点：

左手滑杆突然制动使枪尖向上短促用力崩弹，枪杆颤动，枪尖高不过头，力达枪身前段；弓步与崩枪完整一致。

第三段

35. 挑把翻身挑枪

（1）接上势，重心移至右腿，左腿屈膝提起，上体前俯；同时，右手握把向后带枪；左手滑握枪身前段，手心朝上。（图 99）

图 99

图 100

（2）左脚向前落地；同时，两手握枪向前送枪；目视枪尖。（图 100）

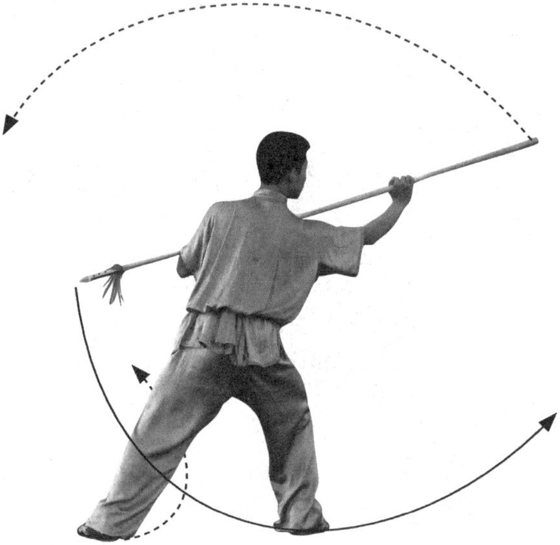

图 101

（3）身体左转 90°，右脚向前上步；同时，右手滑杆挑把，把略高于肩；左手握枪收至胸前；目视枪把。（图 101）

（4）身体继续左转180°，左腿提起翻身；同时，两手握枪随转体贴身立圆翻转。（图102）

图102

要点：

降重心上步同时右手滑枪制动挑把，把端高不过头，力达枪把段；快速翻身立圆提膝与挑枪协调一致，挑把、挑枪力点准确分明，翻转圆活无僵滞。

36. 盖跳步拦拿扎枪

（1）接上势，左脚向前落地，重心前移，右脚跟抬起；同时，右手滑握至枪把，收于右腰侧；左手滑握枪身前段；目视枪尖。（图 103）

图 103

图 104

（2）左脚蹬地跳起，右脚向左脚前盖步；同时，右手握把上翻，左手握枪外旋拦枪；目视枪尖。（图 104）

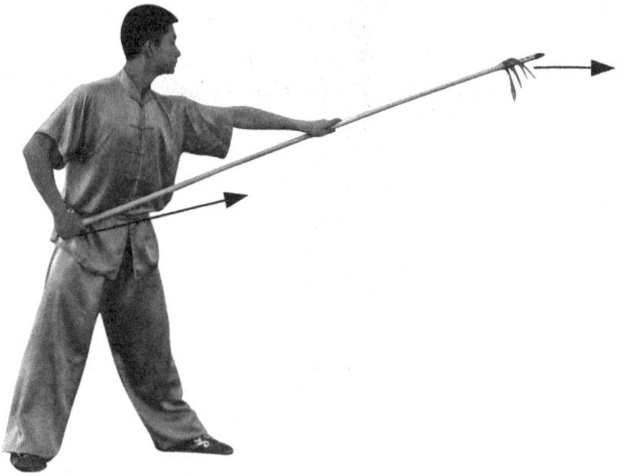

图 105

（3）右脚落地，左脚向右脚前上步；同时，右手握把下翻收于右腰侧，左手握枪内旋拿枪；目视枪尖。（图 105）

（4）重心前移，身体左转；左腿直立，右脚尖点地；同时，右手握把向前扎枪，枪臂一线；目视枪尖。（图 106）

图 106

要点：

盖跳步拦、拿枪配合协调，盖跳步宜快不宜高；扎枪时腰腿协调用力，后点步中平直线扎出，力达枪尖，有寸劲。

图 107

37. 转身单手扎枪

（1）接上势，身体右转 90°，重心后移至右腿；左脚跟抬起；同时，右手握把向后、向上抽枪至头后，高与肩平；左手滑握枪身前段。（图 107）

图 108

⑵ 身体继续右转 180°，重心下移；左脚向前上步；同时，右手握把下落至左胸前，左手松开枪身收于右手内侧；目视枪尖。（图 108）

（3）重心上升；右脚向左后方插步，脚尖点地；左腿直立；同时，右手握把向右扎枪，高与肩平；左手向后立掌插出；目视枪尖。（图 109）

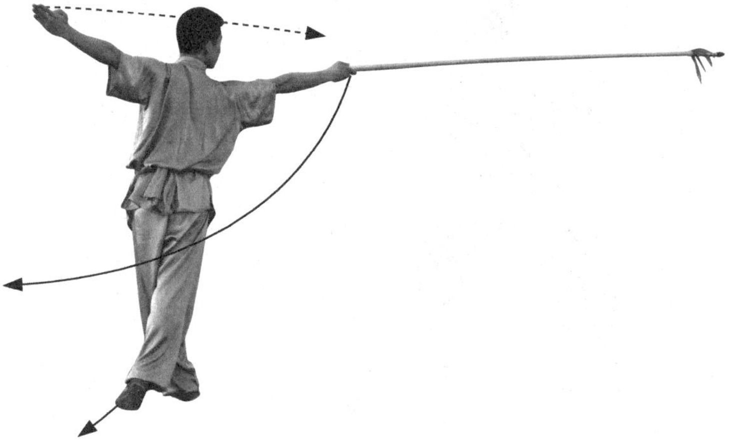

图 109

要点：

抽枪滑杆转身灵活、连贯，右臂伸直发力迅速向前平直扎出，枪、臂一线，力达枪尖。

38. 上步背穿接枪

（1）接上势，身体右转 180°，右脚向右前上步，重心移至右腿；同时，右手握把内旋向后抽拉，右臂伸直，高与肩平；左手心朝上抓握枪身前段；目视把端。（图 110）

图 110

（2）左脚向右前方上步，脚尖外展；同时，左手松握枪身微上托；右手握把向左前推送至右肩前，然后内旋反臂握把下落至身后。（图 111）

图 111

图 112

（3）左脚蹬地跳起，两腿屈膝自然后摆；同时，右手反臂握把下落，左手松握枪身前段，手心朝上，使枪斜背于后背；目视枪尖。（图 112）

（4）右脚向下落步，随即左脚、右脚向前上步；同时，右手握把向前推送枪；左手变掌微上托枪杆，枪杆从左掌心上向前上方穿出；随即右手向前准备接握枪把，左手自然摆至左下方；目视枪把。（图 113、图 114）

图 113

图 114

(5) 左脚继续向前上步；同时，右手向前抓接枪把，左手后摆至体后；目视枪身。（图 115）

图 115

要点：

抽拉背穿枪滑握贴身，反臂握把顺垂，右手用力推送枪把，穿枪出手快速顺畅，枪飞行平稳，右手向前敏捷准确抓接枪把。

39. 腾空跳架枪

（1）接上势，右脚向前上步；同时，右手握把向后抽拉至右腰侧；左手接握枪身，手心朝上；目视枪尖。（图 116）

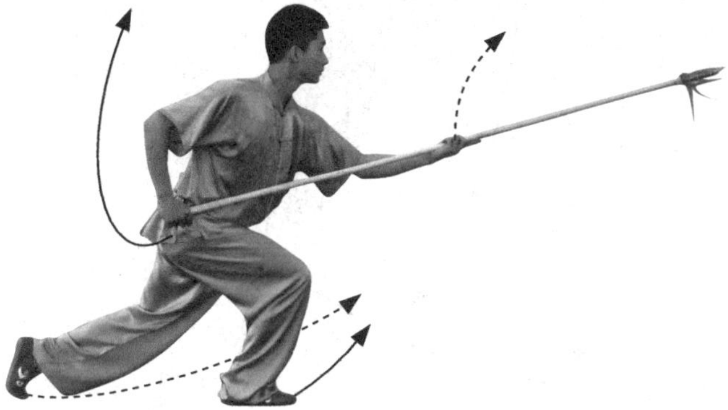

图 116

（2）右脚蹬地跳起，身体右后转 180°，两腿屈膝向后上摆起，脚面绷直，上身微后仰；同时，右手抽把上翻高举过头，左手握枪外翻向上架枪；目视枪尖。（图 117）

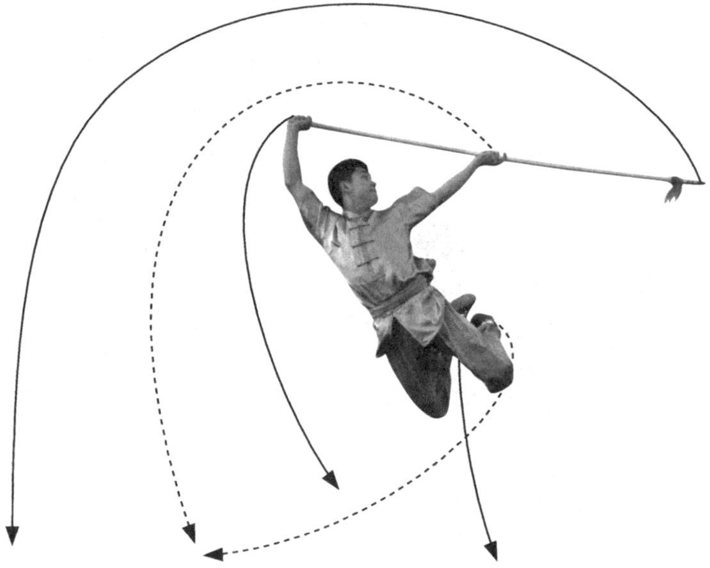

图 117

要点：

右脚快速蹬地，左腿上摆，随转体两腿屈膝后撩，腾空轻灵，挺胸展腹，同时上举架枪，力达枪身中段。

40. 仆步摔枪

接上势，两脚一齐落地，右腿屈膝全蹲，左腿平铺伸直，成左仆步；同时，两手握枪向前、向下摔枪，左手变掌下按枪身；目视枪尖。（图118）

图 118

要点：

仆步时上身微前倾，左掌滑握自然舒指下按，摔枪有力，与仆步同时完成，力达枪身。

41. 反身跳戳把

(1) 接上势，重心上升，两腿屈膝半蹲，成半马步；同时，右手握把抽拉至胸前，手心朝下；左手抓握枪身前段；目视枪尖。（图 119）

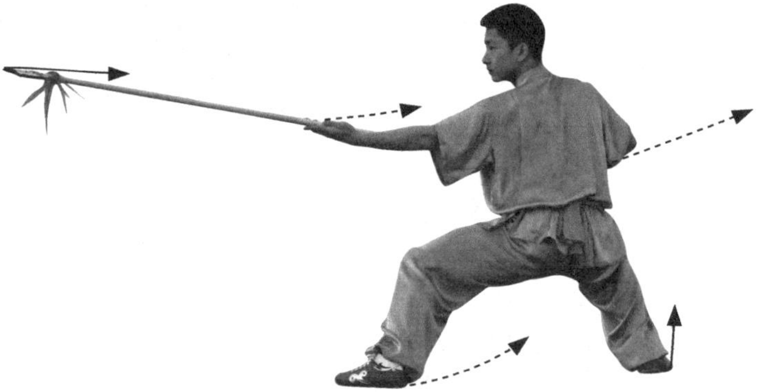

图 119

（2）两脚蹬地跳起，在空中并步；身体右转；同时，左手握枪随左臂屈肘向右推送，右手向枪尖方向滑移，两手握枪向右戳把；目视枪把。（图120、图120附图）

图 120

图 120 附图

要点：

起跳轻灵，两脚并紧，双手贴身滑杆快速流畅，空中击步的同时戳把制动，戳把短促有力，力达枪把端。

42. 舞花过背枪

（1）接上势，右脚先落地，两手握枪；随即左脚向前上步，身体右转90°；同时，两手握枪使枪尖向上经前向下、向后立圆转动一周。（图121、图122）

图 121

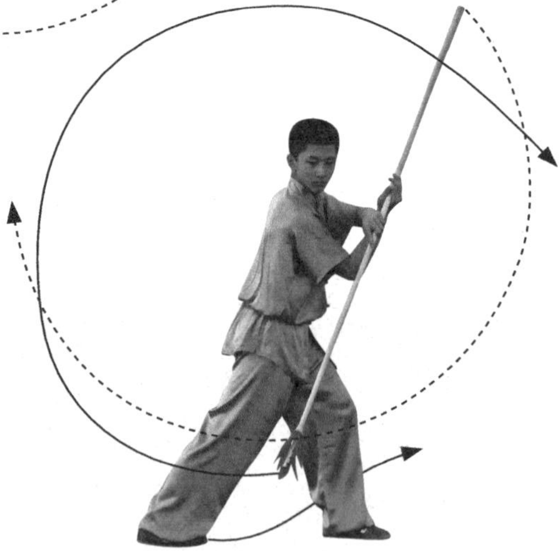

图 122

图 123

⑵ 身体右转 90°，右脚向左后方插步；同时，右手引把端由上向下经前向右绕转，左手握枪使枪尖由下向上、向左绕转，枪身横于胸前；目视枪把。（图 123）

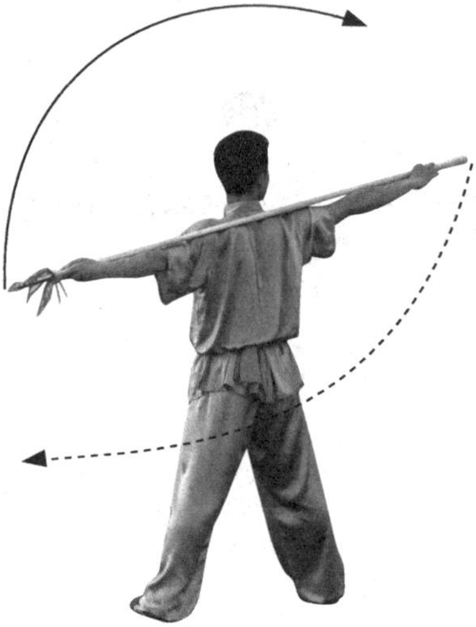

图 124

(3) 身体右后转 180°；同时，两手握枪随转体使枪身横于双肩后侧；目视枪把。(图 124)

图 125

（4）上身右转，重心右移；同时，左手握枪经上向前、右手滑握把段经下向后绕转，枪身中段扛于右肩；目视枪尖。（图 125）

(5) 身体左后转 180°，左脚提起扣于右膝腘窝处；同时，左手握枪经下向左、右手抓握把段经上向右绕转，枪身横于胸前。(图 126、图 127)

图 126

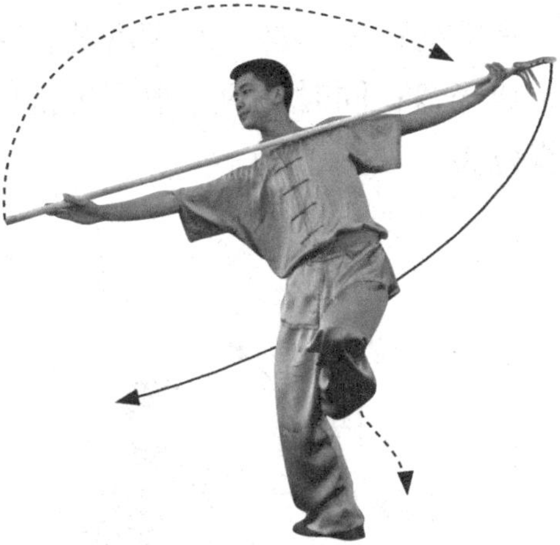

图 127

要点：

舞花枪立圆贴身，舞花后双手滑杆使枪身横于双肩后侧，随身体转动枪身横于胸前翻腰，过背时两手滑开，使两臂与枪身贴住成一线，枪走立圆，翻转时膝、胯、腰宜展不宜折。

43. 坐盘下扎枪

接上势，身体继续左后转 270°；左脚落地，两腿屈膝交叉下坐，成坐盘；同时，两手滑握枪把向前下方扎枪；目视枪尖。（图 128）

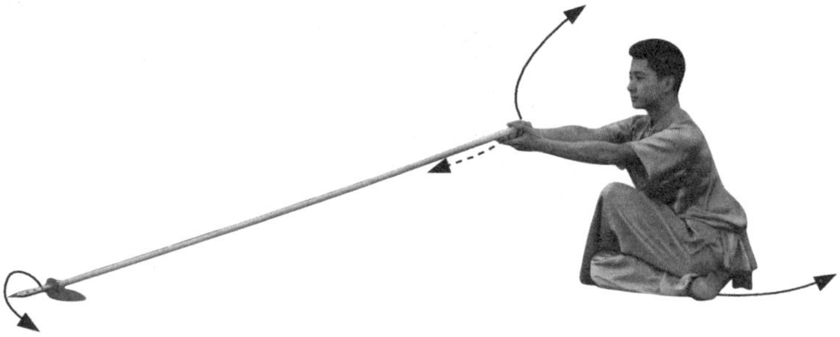

图 128

要点：

坐盘时两腿盘叠交叉，臀部贴地，舒胸立腰，坐盘与扎枪完整一致；扎枪时左手贴于右手，力达枪尖。

第四段

44. 回身劈枪

（1）接上势，重心上升，身体右转；右脚向后撤步；同时，右手握把外翻上举过头，左手外旋滑握枪身前段；目视枪尖。（图 129）

图 129

（2）身体继续右转 90°；左脚向前并于右脚内侧，两腿屈膝半蹲；同时，两手握枪经上向前劈枪，右手握把收于腹前；目视枪尖。（图 130）

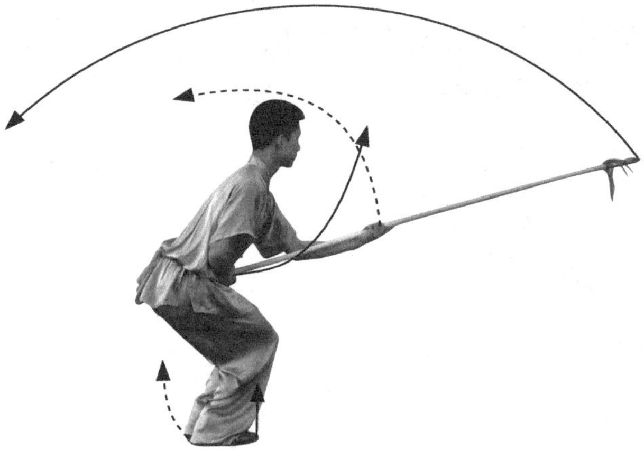

图 130

要点：

撤步、展髋、转身快速连贯，劈枪迅猛有力，力达枪身前段。

45. 跳提膝架枪

接上势，两脚蹬地跳起，左腿屈膝上提，右腿自然下垂；身体左转 90°；同时，右手握把上翻高举过头，左手握枪向上、向左架枪；目视枪尖。（图 131）

图 131

要点：

借劈枪反弹之力用力蹬地，腾空轻灵，提膝过腰，脚面绷直内扣；两臂伸直上举架枪，力达枪身中段。

46. 跳换步下扎枪

（1）接上势，右左脚依次落地，重心向前，右脚跟抬起；身体左转 180°；同时，两手握枪向后、向下引枪；目视枪尖。（图 132）

图 132

图 133

(2) 左脚蹬地起跳，左腿屈膝上抬，右腿自然悬垂；身体左转 90°；同时，右手握把单手经右腰间向前下方扎枪，左手立掌落于右胸前；目视枪尖。（图 133）

（3）身体继续左转 90°，右脚下落支撑；同时，左掌向前推出，右手握把向后落枪，枪尖着地；目视左掌。（图 134）

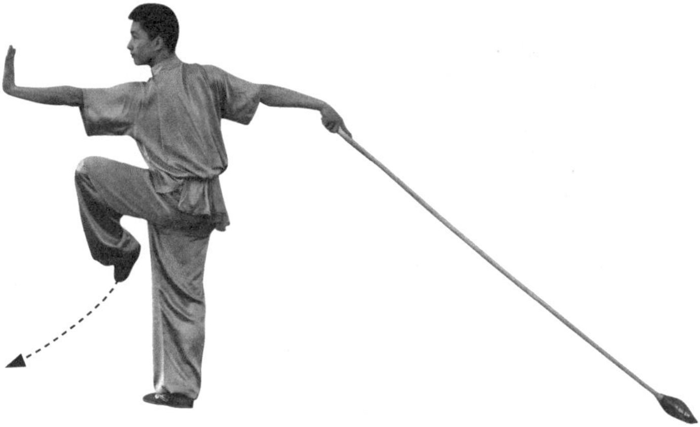

图 134

要点：

左脚落步起跳连接紧凑，腾空轻灵，枪贴身滑杆下扎，提膝与扎枪协调一致，力达枪尖。

47. 上步侧空翻

（1）接上势，左脚向前落步，重心前移至左腿；上肢动作不变；目视前方。（图 135）

（2）右脚向前上步，重心前移至右腿；上肢动作不变；目视前方。（图 136）

图 135

图 136

（3）左脚抬起，右脚向前垫跳一步，左脚向前上步，两脚一齐蹬地起跳；左手自然下落，右手握把拖枪；右腿从后向上方摆起，随即身体前屈，在空中两腿伸直分开，脚面绷直；同时，右手握把拖枪，左手自然摆动；目视前下方。（图 137、图 138）

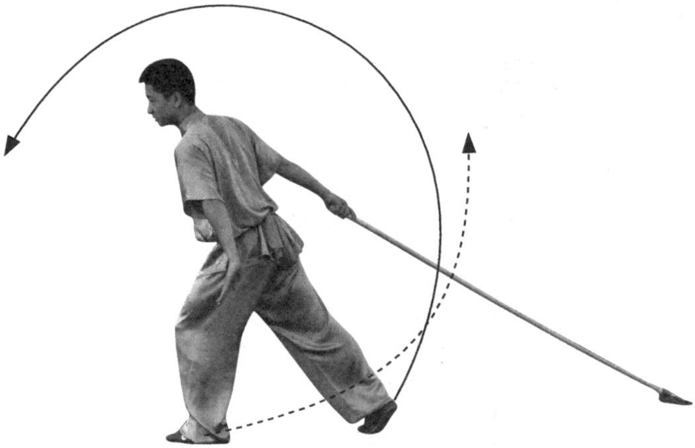

图 137

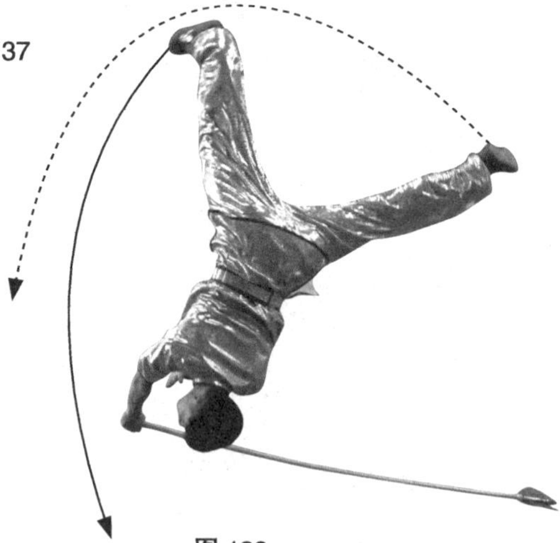

图 138

（4）右脚落地，上身立起；同时，左手向后平伸；目视枪尖。（图 139）

图 139

要点：

拖枪起跳，腾空高、飘，空中两腿伸直，依次摆腿。

图 140

48. 上步正踢腿

(1) 接上势，身体左转 90°，左脚向前落步；同时，左手收于体前，右手握把拖枪不变。(图140)

图 141

（2）上体直立；右脚向前跳步，左脚自然后摆；同时，左掌经前向上亮掌，右手握把拖枪；目视前方。（图 141）

图 142

（3）右脚落地，随即左脚向前上步；重心前移；上肢动作不变。（图 142）

（4）左腿直立支撑，右脚勾脚尖、直腿向头部摆踢；上肢动作不变；目视前方。（图 143）

图 143

要点：

跳步、上步时拖枪亮掌保持不变，左腿直立支撑稳固，右脚尖勾起快速轻灵向前额摆踢，力达脚尖。

图 144

49. 仆步背拖枪

（1）接上势，右脚向前落地，右腿屈膝半蹲；同时，左掌立掌经体侧向下、向前撩出，右手握把拖枪；目视左掌。（图 144）

（2）重心下降，身体左转；右腿屈膝全蹲，左腿伸直平铺，成左仆步；同时，左手立掌收于右胸前，右手握把背后拖枪；目视枪尖。（图 145）

图 145

要点：

落步撩掌、转身仆步协调一致，左腿平铺伸直，脚掌内扣着地；背拖枪舒肩贴身。

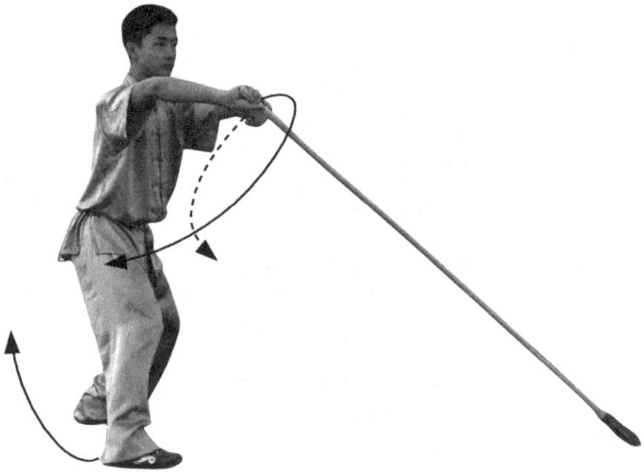

图 146

50. 弓步拦拿扎枪

（1）接上势，重心上升，身体右后转 360°；左脚向后方撤步；同时，右手握把收至胸前，左手收于右手侧；目视枪尖。（图 146）

(2) 重心前移至左腿，右脚向后退步；同时，右手握把外旋至右侧前方，左手落于左下方；目视枪尖。（图 147）

(3) 重心后移；两腿屈膝半蹲，成半马步；同时，左手接握枪身前段外旋拦枪，右手向后抽把至右腰侧；目视枪尖。（图 148）

图 147

图 148

图 149

（4）重心稍前移；同时，右手握把收于右腰侧，左手握枪内旋拿枪；目视枪尖。（图 149）

（5）重心前移；左腿屈膝前弓，成左弓步；同时，右手握把向前扎枪，枪臂一线；目视枪尖。（图 150）

注： 拦拿扎枪做 2 次。

图 150

要点：

转身撤步握枪连贯灵活，弓步屈蹲腿达水平，前腿膝部与脚背垂直，后脚尖内扣；拦拿圈转枪尖划弧，扎枪腰腿蹬转合力，协调一致，中平直线扎出，力达枪尖，有寸劲。

51. 弓步扫把

（1）接上势，身体右转 180°，重心移至右腿；左脚跟抬起；同时，右手握把向右、向后平抽，左手滑握枪身前段。（图 151）

图 151

（2）身体左转 180°，重心前移；左腿屈膝前弓，成左弓步；同时，右手滑杆抓握枪身前段向左、向前下方扫把，左手滑握枪身前段；目视枪把。（图152）

图 152

要点：

重心移动快速平稳；两手滑杆顺畅，与拧腰、转胯协调一致，扫把快速、有力、幅度大，力达枪把段。

52. 丁步握枪按掌

（1）接上势，身体右转，重心上升移至右腿；左脚跟抬起；同时，右手下落随转体摆至右后上方，左手抓握枪颈；目视右手。（图 153）

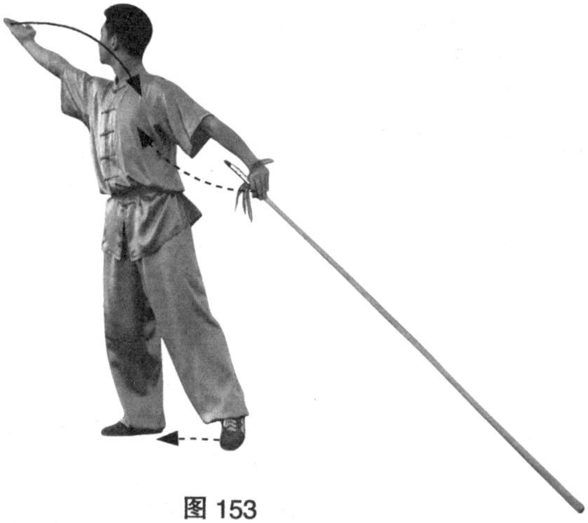

图 153

⑵ 身体左转；左脚向后并于右脚内侧，脚尖向前，成丁步站立；同时，左手握枪收于左胸前，右手下按于左腕内侧；目视前方。（图 154）

图 154

要点：

左脚快速并拢，转体灵活顺畅，丁步与收枪完整一致，身械协调。

53. 并步立枪推掌

（1）接上势，身体左转，左脚向左后撤步；同时，右手向前滑动抓握枪身把段，左手握枪向上、向后划弧。（图 155）

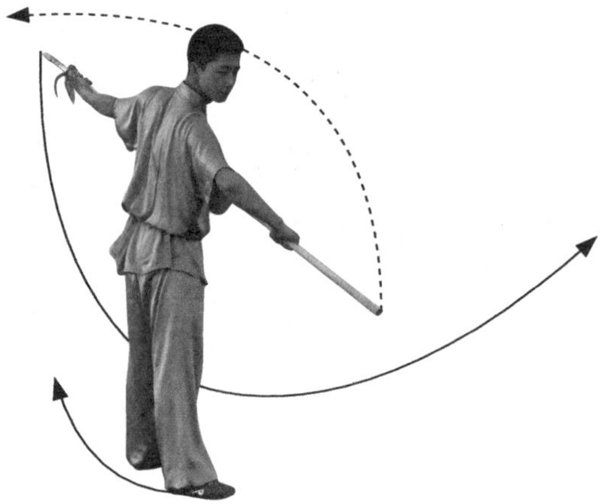

图 155

⑵ 身体右转，右脚向右后撤步；同时，右手握把向前经上向右提把，左手握枪向下、向上划弧；目视枪尖。（图 156）

⑶ 身体继续右转，两腿屈膝下蹲；同时，右手向下松握枪杆；左手握枪向下放枪，枪把落地；目视右侧。（图 157）

图 156

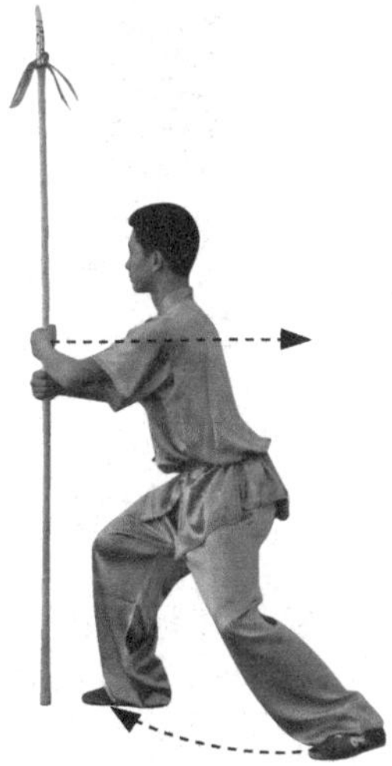

图 157

（4）左脚向右脚内侧并步，两腿直立；同时，右手握枪立于右胸前，左手变掌经胸前向左侧推出；目视左掌前方。（图 158）

图 158

要点：

左手松活滑握引枪，两手提把划弧协调，贴近身体两侧呈立圆；转体、退步、并步连贯紧凑，身械协调；放枪时枪把端落地，推掌、转头协调一致。

54. 收势

接上势，左脚向前上步，右脚向前并于左脚内侧；身体左转；同时，右手滑握把端于胸前持枪，左手下落至身体左侧；目视前方。（图 159）

图 159

要点：

上步、持枪完整一致，枪身立直。

四、枪术套路动作运行路线示意图

第一段

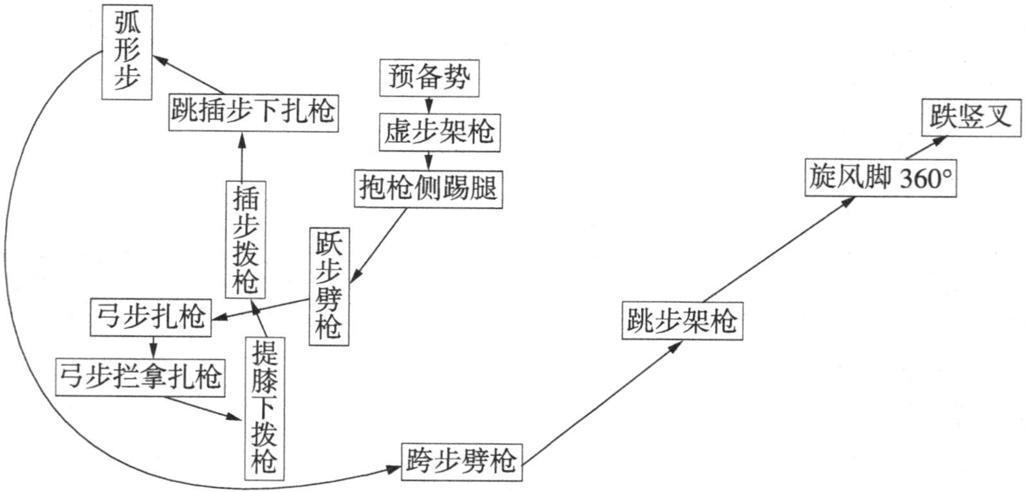

第二段

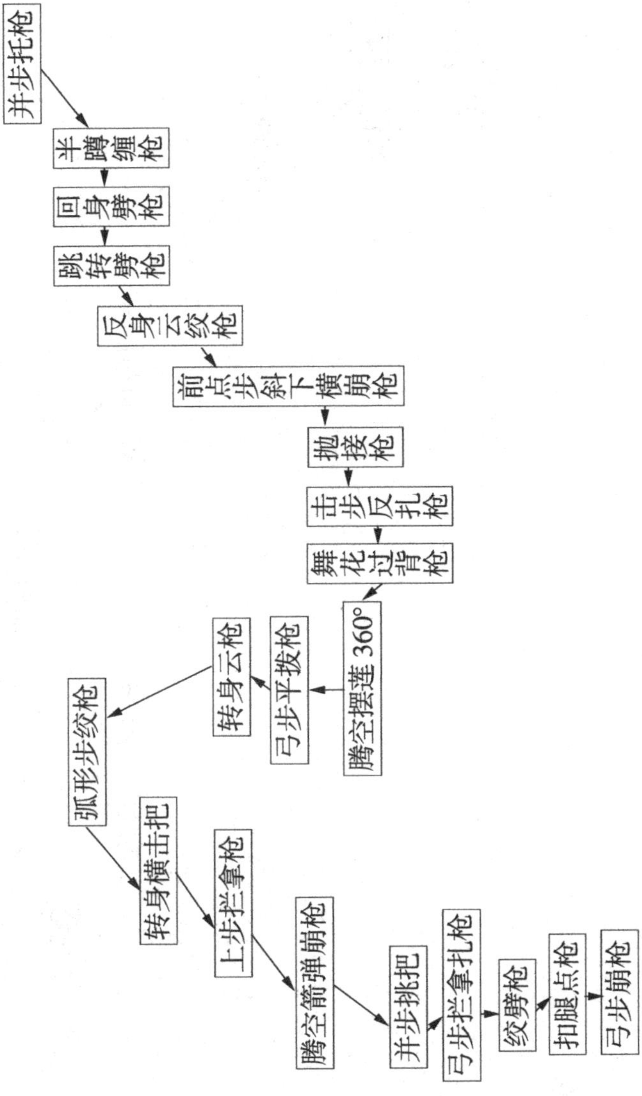
并步托枪
半蹲缠枪
回身劈枪
跳转劈枪
反身云绞枪
前点步斜下横崩枪
抛接枪
击步反扎枪
舞花过背枪
腾空摆莲 360°
弓步平拨枪
转身云枪
弧形步绞枪
转身横击把
上步拦拿枪
腾空箭弹崩枪
并步挑把
弓步拦拿扎枪
绞劈枪
扣腿点枪
弓步崩枪

第三段

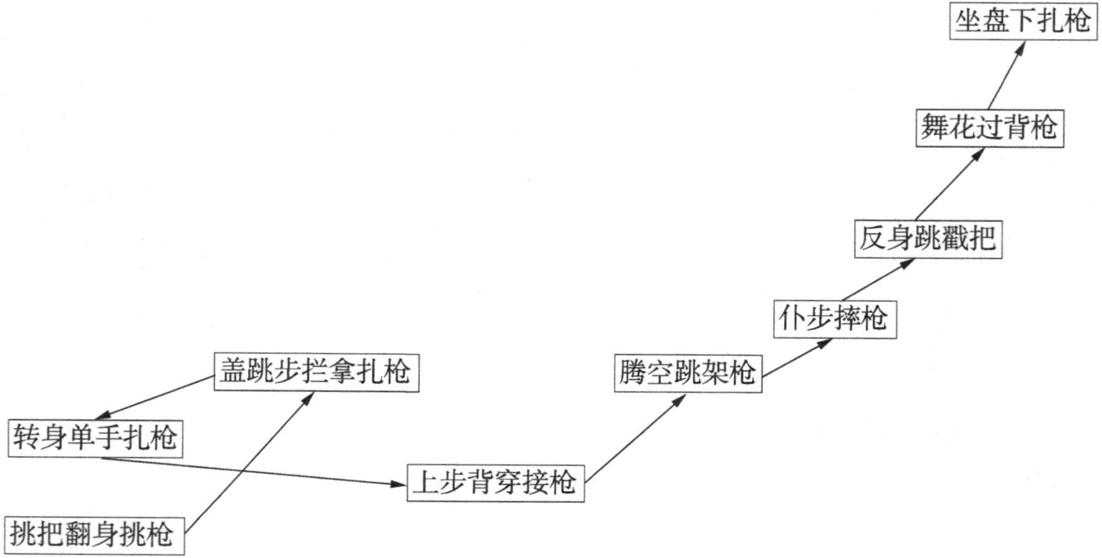

第四段

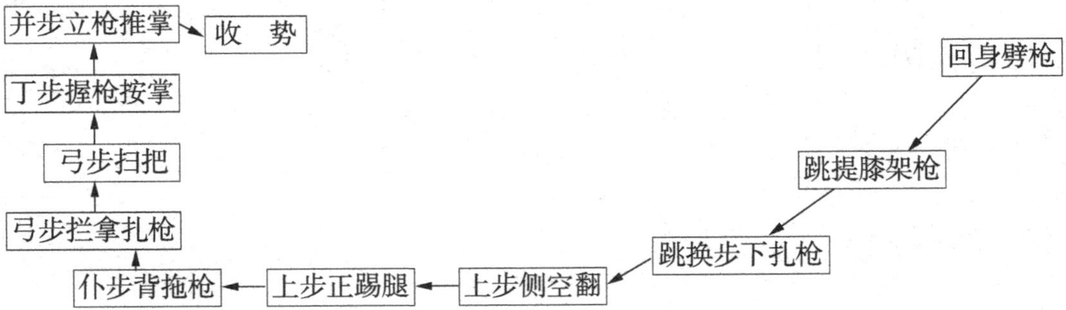
回身劈枪
跳提膝架枪
跳换步下扎枪
上步侧空翻
上步正踢腿
仆步背拖枪
弓步拦拿扎枪
弓步扫把
丁步握枪按掌
并步立枪推掌
收　势

五、枪术套路动作连续演示图

图 1

图 2

图 3

图 4

图 5

图 6

图 7

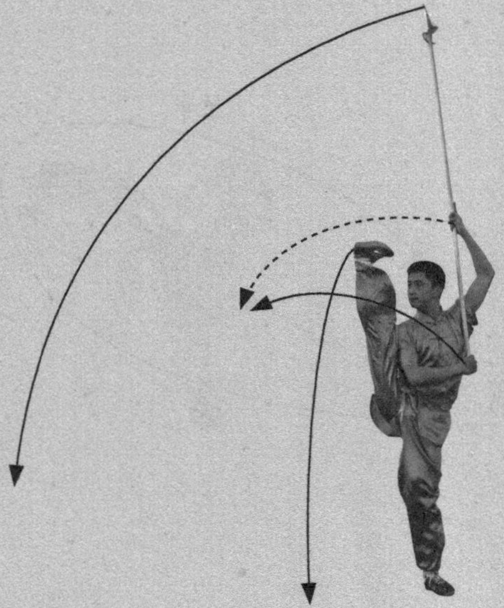
图 8

图 9

图 10

图 11

图12

图13

图 14

图 15

图 16

图 17

图 18

图 19

图 20

图 21

图 22

图 23

图 24

图 25

图 26

图 27

图 28

图 29

图 30

图 31

图 32

图 34

图 33

图 35

图 36

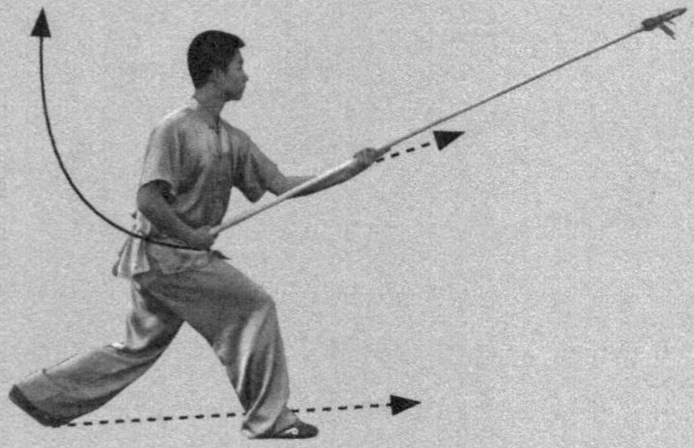

图 37

图 38

图 39

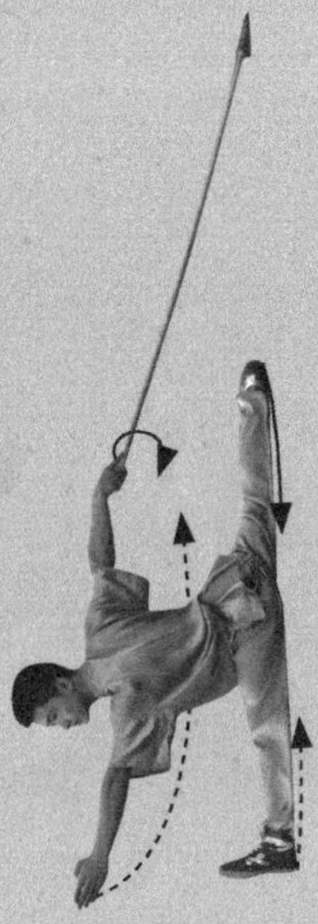

图 41

图 40

图 42

图 43

图 44

图 45

图 46

图 47

图 48

图 49

图 50

图 51

图 52

图 53

图 54

图 55

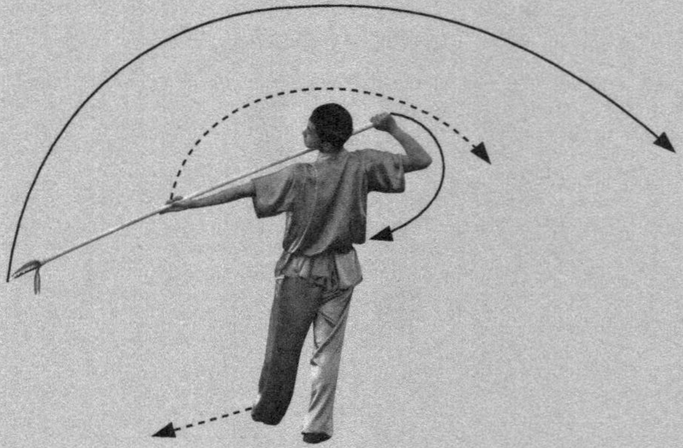

图 56

图 57

图 58

图 59

图 60

图 61

图 62

图 63

图 64

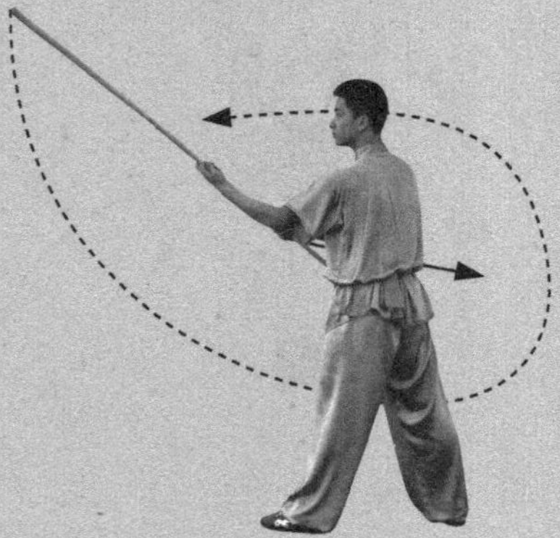
图 65

图 66

图 67

图 68

图 69

图 70

图 71

图 72

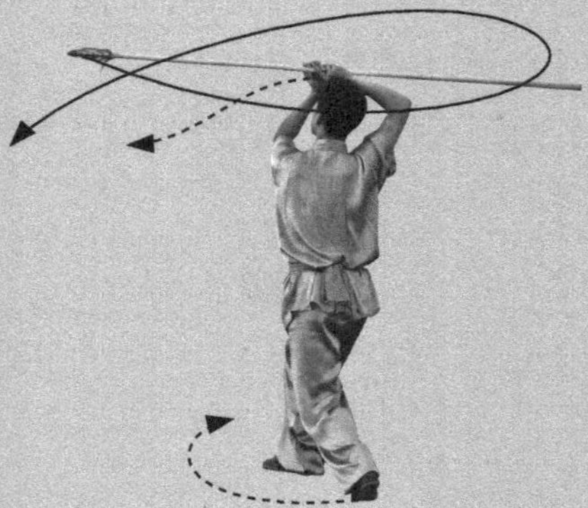
图 73

图 74

图 75

图 76

图 77

图 78

图 79

图 80

图 81

图 82

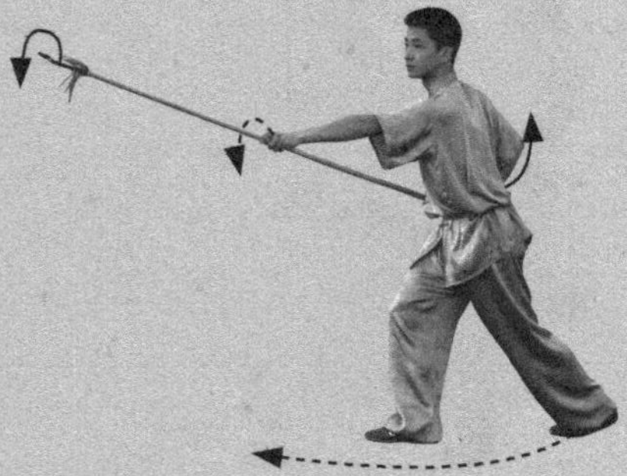

图 83

图 84

图 85

图 86

图 87

图 88

图 89

图 90

图 91

图 92

图 93

图 94

图 95

图 96

图 97

图 98

图 99

图 100

图 101

图 102

图 103

图 104

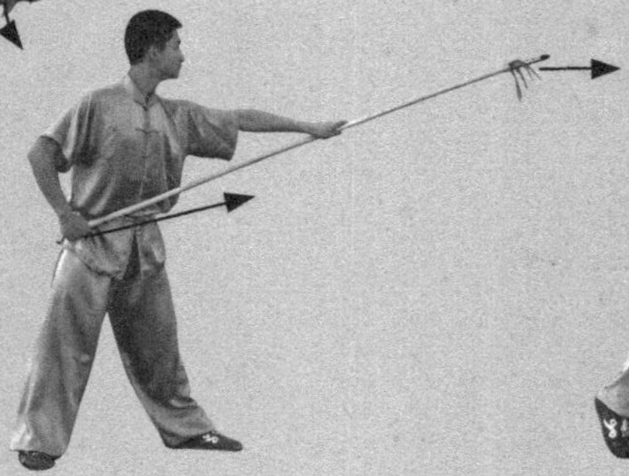
图 105

图 106

图 107

图 108

图 109

图 110

图 111

图 112

图 113

图 114

图 116

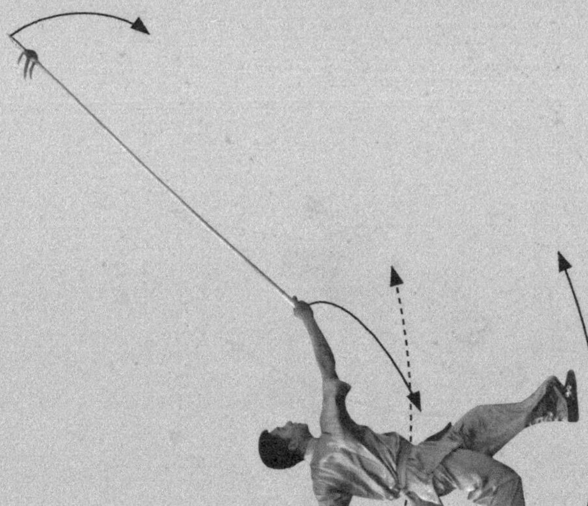

图 115

图 117

图 118

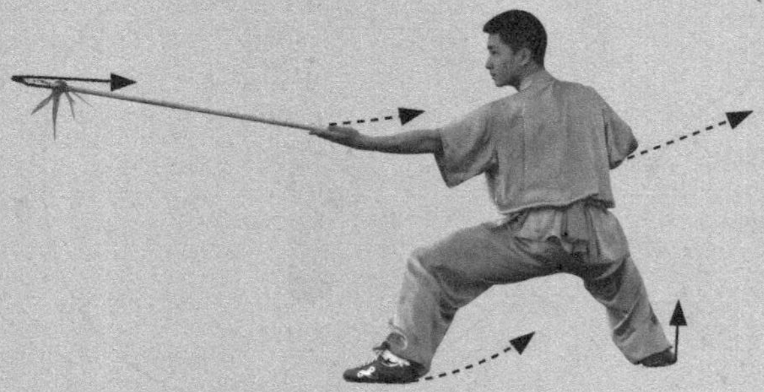
图 119

图 120

图 121

图 122

图 123

图 124

图 125

图 126

图 127

图 129

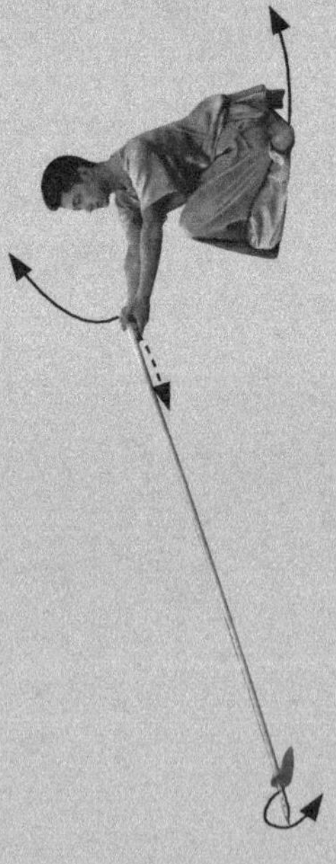

图 128

图 130

图 131

图 132

图 133

图 134

图 135

图 136

图 137

图 138

图 139

图 140

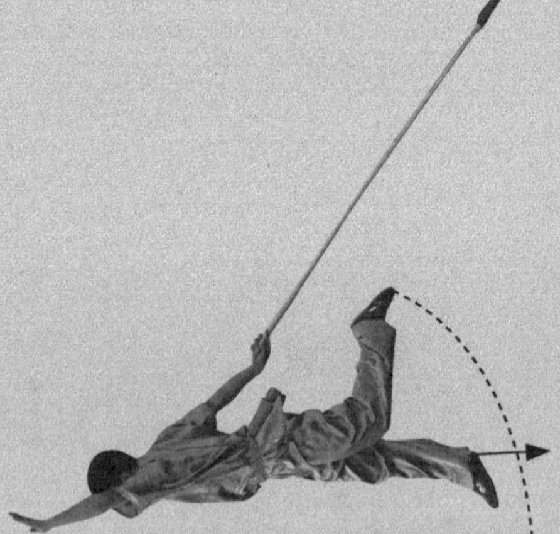

图 141

图 142

图 143

图 144

图 145

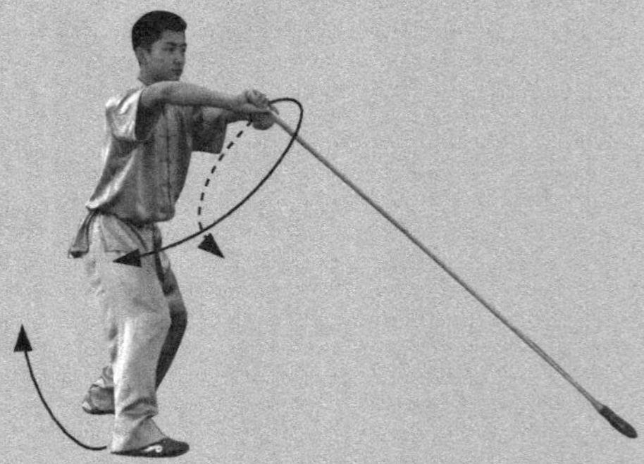

图 146

图 147

图 148

图 149

图 150

图 151

图 152

图 153

图 154

图 155

图 156

图 157

图 158

图 159